사르르 사르르

김연숙 시인의 네 번째 시집

새로운 세상의 숲
신세림출판사

작가의 말

언젠가부터
내 마음의 조각들이 문장이 되기 시작했습니다.

외로움, 그리움, 그리고 말로 다 담지 못한 이름 없는 감정들이
고요한 새벽마다 문장으로, 꽃잎으로
내 안에서 피어나 종이 위에 시로 흘러내렸습니다.

그렇게 쓰고 또 쓰며,
나는 시들 속에서 가장 나다운 나를 만나고 있었습니다.

이 시집은 그런 순간들의 풍경화 같은 모음입니다.

삶을 지나며 흘린 깊고도 심오한 흔적들이
누군가의 마음에도 살며시 닿기를 바랍니다.

-2025년 7월

토론토에서 김 연 숙

■ 작가의 말 ● 3
■ 발문/이시환 ● 222

1 / 실처럼 가느다란 사랑

실처럼 가느다란 사랑 / 10
아름다운 예약 / 12
너를 보내며 / 13
백 년 만의 보름달 / 14
발자국 / 16
외로움 / 17
비 되어 쏟아질까 / 18
바램 / 19
그리움 / 20
번지다 / 21
말 없는 고백 / 22
안개 / 23
피눈물 / 25
허상 / 26
마음의 조각배 / 27
가을 햇살 / 28
잎 / 30
신산스러운 세월 / 31
호수 위의 이름 / 33
나에게 / 35
나의 고백 / 36

고백의 시간 / 38
내 안의 시 / 39
나의 글 / 40
마음의 시 / 43
식은 커피처럼 / 44
풍경 소리 / 45
숲속의 그림자 / 46
침묵 / 47
꿈은 / 48
무언의 안부 / 50
처음의 말 / 51
나무 / 52
창가에서 / 53
고요의 속도 / 54
가로등 / 55
새벽 3시 / 56
무제 / 57
스며듦 / 58
들뜸 / 59
새벽 찬바람 / 61
별이 춤추네 / 62

차 례

2 / 아무도 없는 날

사랑은 / 64

내 마음 / 65

침묵 / 66

아무도 없는 날 / 67

세모 / 68

바람 / 69

부치지 못한 편지 / 70

그리움의 사슬 / 71

밀랍 천사 이카루스 / 73

그리움 / 74

빈자리 / 75

기다림 / 76

출렁임 / 77

너와 나는 / 78

풀 물에 젖은 마음 / 80

태고 / 81

청춘 / 82

잠들지 못한 날 / 84

물끄러미 / 85

맑은 가을바람 / 86

그리움처럼 / 87

노년 / 88

스며든 바람결 / 89

혼잣말 / 90

가을 / 91

소나기 / 92

꼴깍 넘어가는 해님 / 94

아름다운 나이 / 95

감꽃 목걸이 / 97

꿈이었대 / 98

서러움 / 100

11월 첫날 / 101

그 시절 / 102

황혼 / 104

산등성 붉은 해 / 105

이름 없는 날들 / 107

허무한 떨림 / 108

나는 / 109

기도 / 110

끝내, 흐르는 마음 / 112

오늘의 숨결 / 114

건방 / 115

마지막 명연기 / 117

3 / 마음속 작은 봄

파랑새 / 120
입춘이래요 / 121
봄비 / 123
목련 꽃 / 125
꽃분홍 립스틱 / 126
올봄에는 / 127
안개 / 128
마음속 작은 봄 / 129
퍼 올릴 수 없는 달 / 131
달빛 / 132
교교한 달빛 / 134
호수에 잠긴 달 / 135
새벽달 / 136
달에게 말을 걸었다 / 138
말 없는 방 / 139

오늘이 있다 / 140
내 그림자 / 142
무제 / 144
아! 추워! / 145
침묵 / 146
인생·1 / 147
인생·2 / 148
인생·3 / 150
그대 / 151
자화상 / 152
정 / 153
독백 / 154
오로라·1 / 155
오로라·2 / 156

차 례

4 / 사군곡(思君曲)

아쉬움 / 158
사랑의 흐름 / 159
임의 숨결 / 160
편지 / 162
당신을 보내며 / 163
26일째 / 168
29번째 꽃잎 / 170
그대의 목소리 / 172
지니 / 176
나비 인사 / 178
나비의 인사 / 180
니미 / 182
이별 / 183
빈자리 / 185
꿈 / 186
그날 이후 / 188
오래된 의자 / 189
어느 날 갑자기 / 190
첫눈 / 191
차가운 손 / 192

그림자 / 193
상실 / 194
그리움 / 196
그대 향기 / 198
그대 뜰 앞 / 200
여보! 나야 / 201
통곡 / 203
그대와 나 / 204
그대 위한 기도 / 205
맴돌았다 / 206
그 미소 / 207
아름다운 이별 / 208
이슬 같은 손길 / 209
그리운 전설 / 211
솔향 그리움 / 212
간병일지 / 214
함박눈 / 216
보고픔 / 217
후회 / 219
허공의 메아리 / 220

제1부

실처럼 가느다란 사랑

실처럼 가느다란 사랑

아들이 내게 생일 선물로
작은 드림캐처 하나를 건넸다.
말은 없었지만
그 눈빛엔 분명히 적혀 있었다.
"엄마를 지켜주고 싶어요."

밤이 지나고
햇살보다 먼저 다가온
작은 생명 하나,

드림캐처 속에 살며시 내려앉은
등에 갈색과 황금빛의 무늬가
아주 예쁜 조그만 거미 한 마리!

경이로움과 놀라움 속에서
어찌할 바를 모르는데
가만히 바라보는 동안
그건 마치
사랑이 실을 타고 내려온 것처럼
설레이고 고마운 방문이었다.

나는 숨죽여 가만히 바라보았다.
그 작은 몸짓 하나하나가
아들의 마음 같았다.
섬세하고 끈기 있게,
나를 감싸는….

그날 아침,
세상의 모든 선물이
말이 아니라
실처럼 얇고 진실하게
다가온다는 걸 배웠다.

"고마워."

그 말은 나에게 그 예쁜 모습을
보여 준 천상의 거미에게,
또
보이지 않는 마음을 건넨
내 아들에게도 닿기를…

그리고

"사랑해!"

아름다운 예약

엄마,
우리
다시 만나게
내 생을 예약해 놓았어.

풋풋한 아들의
사과 같은 그 한마디
그 순간,
가슴에 울림이 여울지네.

떨리는
가을바람 속에서
영혼과 영혼이
속삭이며
그 사랑을 예약했네.

너를 보내며

가슴이 쿵쾅거린다.
끝을 맺는 이 순간이
또 다른 시작이기 때문이다.

설렘은 종이 위에 번지고
떨리는 마음은 말을 걸고
불안은 단어 사이에 숨는다.

나는 이제 안다.
이 흔들림조차 숨 사이의 시 되어
누군가의 꿈이 될 수 있다는 것을.

백 년 만의 보름달

소슬바람에
가랑잎 날아오듯
바삭거리는
대숲 소리.

졸졸거리는
시냇물이
마음 깊이
스며드는 날,

백 년 만에 찾아온 너!

달빛도
마음 빛도
호수 위에
보얗게 반짝거리네.

아!
백 년 만에 찾아온
너의 모습에
내 마음을 심었네.

눈을 떠도
눈을 감아도
온통 너의 모습!
찬란한 그대여~

발자국

겹치는 발자국 사이로
삐져나온 그리움

접히는 구름 사이로
흘러나온 눈물

비눗방울 터지듯
흩어지는 내 마음

빨간 우체통 속에서
다시 피고 싶은 사랑

외로움

이 정도의 외로움은
더는 나를
헤매게 하지 않는다.

강해진 게 아니라
그 마음 다루는 법을
배운 것일지도

너무 차갑지도
뜨겁지도 않게
그냥 그냥 두고 보는 법

이렇게
외로움과 어깨동무 하니
조금은 편안해진 듯하다.

비 되어 쏟아질까

외로움의 하강에서
끌어올린 그리움
나는 이미 무너졌네.

어이하나?
어이하나?

내가 나를 버리고
바람 되어 맴돌까?
비 되어 쏟아질까?

닿을 수 없기에
더 아픈 사랑
더 깊은 이름

바램

장터 한가운데 있어도
나는 늘 혼자였다.

말이 오가도,
그 말이 내 마음에까지
오지는 않았다.

창밖에 어둠이 내려앉듯
누군가 없는 자리가
하루를 덮었다.

이름 모를 바람 하나
내 어깨를 스치면
그세 나정이길 바랐다.

그리움

잊고 살았던 지난날들이
어느 날, 갑자기 현실처럼 다가와

손을 뻗으면 잡힐 듯한 그대 모습이
아지랑이 되어 흩어지는 순간,

꿈인가 생신가
허망하게 두리번거릴 때,

돌이켜보니
만약, 없었던 일이라면

생각나지도 않았을
실재가 아침이슬처럼

녹아내리는 그리움에
목이 메인다.

번지다

수채화처럼 번진 하늘 아래
희미한 기억 하나 서성인다.

말하지 못한 마음들은
허허실실 흘러내리고

너의 온기 같은 색이
창가에 가만히 머문다.

마르지 않은 오후
그 안에 네가 있었다.

말 없는 고백

어쩌면
아무 말도 하지 않은 사람이
가장 많은 것을
안고 있는 듯하다.

지나간 계절의 소리
마주치지 못한 눈빛
끝내 닿지 못한
마음 같은 것들.

그건
말로 꺼내면 부서질까 봐
그저
가만히 품고 있는 것일지도.

그냥
말 없는 침묵이
가장
진솔한 고백일 때가 있다.

안개

그냥,
은은하게 거닐도록
안개는
안개로 남겨둘 것을…

차가운 샘물 되어
안갯속을
휘저으니
물러서지 않고

집시처럼 떠돌다
차라리,
내 마음을
다정히 감싸 주네.

안개 속에 여울진
아련한 불빛 하나가
멈추는
봄빛 되어

내 마음에

잔잔한
꿈결로 남아
포근히 감싸 주네.

피눈물

일렁이고 울렁이며
살얼음 아래로
가만히 흘러가는
묵은 아픔이

더덕더덕
딱지 앉아
고목 우듬지에
깊은 그늘 만들고

그 위로 새싹 하나
애써 얼굴 내밀다
터져버린
피눈물.

허상

영원한 미련으로
남아있는
단테의 첫사랑처럼,

그리움의 끝자락도
허상처럼
아른거린다.

밤하늘의 별 하나가
조용히
내 이름을 부르면

가슴 한 편
숨 죽인 꿈이
수정처럼 빛난다.

마음의 조각배

이 아침

파도도 일지 않는
유리알 같은 호수 위로

마음의 조각배 하나
살포시 띄워 드릴게요.

평안을 가득 실어,
그대 마음에 닿기를.

햇살 한 줌 곁에 실어
그대 가슴에 파고들면

숨결 따라 번지는 미소처럼
고요한 위로가 되기를.

세상 소음 멀리 두고
이 순간만은 온전히

당신 안에
맑은 숨처럼 머물기를.

가을 햇살

빛이 깨어져
흩뿌려진 어느 날

숲길에서
부르는 소리 있어

풀섶을 가르며
살포시 가보니

앵두 알보다
더 작은 빨간 열매가

설렘으로
때굴때굴 굴러오네.

그 작은 열매는
내 안의

여린 기억을
톡톡 깨우며

살짝이
옆에 머무네.

그 사이
가을 햇살이

숲 그늘 사이로
아롱아롱 비치며

가벼운
숨결처럼

내 마음
슬그머니 울리네.

아,
가을이구나!

잎

잎
설레이는 연둣빛!

마냥
바라보고 있노라면

때론 무지개가 걸려 있는
햇살 속에서 영롱함이어라.

맑은 강심으로
연한 부분 간질이고

초록의 숨결이
내 안에 스며들면,

나는 오래된 겨울을
털어내고 이 봄,

눈 감고 잎 하나
피울 수 있겠지.

신산스러운 세월

신산스러운
그 세월이
흘렀다.

꽃잎도 휘날리고
번쩍이는 번개 속에
비도 쏟아지고.

낙엽은
스산함 속에
흩어지고

정처 없이
휘날리는
눈보라처럼

신산스러운
그 세월이
흘렀다.

그 속에 내 마음도

하얀 이슬 되어
바람결 따라 스러져

이제는 그 모든 흔적이
내 안에 조용히 쌓여
삶이라는 호흡이 되고

그 세월마저도
한 조각 빛이 되어
반짝인다.

호수 위의 이름

가슴이
툭!

떨어질 것 같은
속상함에,

먼 곳까지 따르는 눈길.
눈길만 애처롭게 따라가니,

미동도 없는
호수와 마주한다.

무작정 호수 위에
내 이름을 써본다.

금세 잔잔한 물결이
이름을 가져간다.

남은 건 가운데 번져 가는
작은 소용돌이.

말하지 못한 마음도
사라지는 게 아니라

살랑이는 물결처럼
오래도록 남는다.

나에게

괜찮지 않았던 날들을
모두 기억한다.

아무도 몰랐지만
나는 알고 있었다.

어떤 말도
삼켜야 했던 순간들.

그때의 나에게
내가 말해준다.

"정말 잘 버텼어.
그러니까 지금 여기 있는 거야."

나의 고백

사실, 나는 늘 누군가에게
말하지 못할 고백을 품고 살았다.

그건 사랑이기도 했고
외로움이기도 했으며

때론 살아 있다는 감각
그 자체였다.

그 모든 말들은
내 안에서만 자라고 있었다.

말하려 하면
입술이 먼저 떨렸고

꺼내려 하면
마음이 먼저 울컥했기에

고백은
고요 속에 숨어 있었다.

바람 살살
흩어지는 날

누군가 아무 말 없이
내 눈을 바라봐 준다면

말보다 먼저
이 고백이 전해지기를.

오래도록 하염없이
기다리며 살아왔다고.

고백의 시간

무심코 적은 문장이
솔직한 내 마음이었다.

누구에게 보여주지 않을
메모장 한 귀퉁이에

"괜찮지 않다"라는 말을
적고, 지우고, 다시 적었다.

그렇게 새벽은
나에게만 허락된
고백의 시간이었다.

내 안의 시

언제부터였을까.
나의 마음이
문장이 되기 시작한 건.

외로움도…
그리움도…
하염없이

모두 시가 되어
한 웅큼
내 안에 남았다.

그리고 지금,
나는 이 시들 속에서
진솔한 나를 만난다.

나의 글

감동이 밀물처럼
마음 깊숙이 요동치며 들어올 때,

그 파동은 내 심연까지 흔들어
철석, 철석 부딪히며

하얀 물거품을 남기고
썰물처럼 빠져나간다.

비단결 같은 고운 모래를
남겨 놓고 제자리로 갈 때까지

나는 그 자리를 가만히
바라보며 기다린다.

자연스럽게 마음속에서
옹알이처럼 글이 흘러나온다.

화려한 미사여구도,
근사한 단어도 떠오르지 않지만

그 순간의 글은
때때마다 달리 보이는

나의 참모습을 비추는
거울처럼 느껴진다.

어쩌면 다른 사람에게는
평범한 글일지 모르지만,

나에게는
스스로를 다독이고

내 안을 들여다보는
소중한 기회가 된다.

인생의 저물녘에서
황혼빛 설렘처럼

그 고운 모래 결이
그리워지면

다시, 애틋한 기다림 속에서

살포시 일어난다.

충만한 나와 내가
마주하기 위해.

마음의 시

마음이
시가 되었습니다.

헛헛한 가슴 끌어안고
잠 못 드는 새벽,

스쳐 간 기억들까지
마음 안에 머물렀습니다.

외로움이 머물다 간 자리,
잊힌 이름을 부르던 밤,

누구에게도
들키지 않은 고요까지

내 안에서
피어나기 시작했습니다.

나는 그 속에서
나를 만나게 되었습니다.

식은 커피처럼

마시지 못한 커피가
하루 종일 식고 있었다.
너는 내 앞에 앉아 있었고

나는 말보다
침묵을 더 많이 쏟았다.
그렇게 식은 커피처럼

우리도 어느샌가
서로의 온기를
놓치고 있었던 거다.

너무
늦게
알았다.

풍경 소리

전등사 처마 끝의
외로운 풍경 소리

마음 끝자락에서
잔랑잔랑 흘러나와

파르르 파르르
떨리는 감동으로

솟아오른 눈물을
 바람이 살포시 달래 주네.

이 밤, 바람은
내 귓가에 깊은 고백을 속삭이네.

그 소리에 내 마음도
살랑살랑 흔들리는데

당신은 다시 고요한 공기 속에
바람 되어 섞이어 드네.

숲속의 그림자

햇살에 기대선
그림자 하나,
푸른 풀밭 위에
조용히 선을 그어낸다.

삐딱하게,
드러누운 그림자는
안개꽃 빗방울 흩뿌리며
풀빛 되어 휘날린다.

뒤돌아보니
봄기운을 머금은
작은 꽃 한 송이도
풀밭 위에 누워 있다.

침묵

긴 침묵은
보다
더
긴
사연.

우리
때론 스며들고
번져
아름다움이 되어

달빛과
속삭이는
침묵이 되자.

꿈은

지의 풍요로움으로
머릿속을 가득 채운
그대,
그래서 더 외로운 당신과

가느다란 명주실 끝에
숨겨져 있던 보드라움이
어느 먼 행성에서 만났다면
우린 빛나는 별이 되었을까.

지혜로 비단을 짜듯
서로의 결을 다독이며
하나의 결, 하나의 숨으로
서로에게 꿈이 되었을까.

꿈은
시공간을
넘나드는
말 없는 약속.

잠든 마음 사이를

흐르는 은하수.
지금 어느 하늘에서
반짝이고 있을까?

꿈은
설렘과 함께
잠시 머무는
순간일지라도

꿈은
꿈이기에
그냥 꿈이어서
너무 좋아~~.

무언의 안부

잘 지내니?
라는 말을 묻지 않아도
나는 네 안부를 늘 생각한다.

그 마음은
편지를 쓰는 대신
매일 같은 하늘을 보는 식으로
표현되곤 한다.

우리가 말하지 않아도
서로를 기억하고 있는 건
어쩌면 가장 따뜻한 방식의
사랑일지도 모른다.

처음의 말

아직 깨어나지 않는
조용한 새벽이면
나는
그 사람을 떠올린다.

우리
만난다면
웃으며 인사할 수 있을까.
그 말을 건넬 수 있을까.

하지만
새벽은
언제나
과거형이다.

나는
오늘도
말하지 못한
처음의 말을 되뇌었다.

나무

상처가 아문 자리에
그늘이 생겼다.

말하지 않아도
어디가 아팠는지
빛은 알고 있었다.

닿을 수 없는
애틋한 마음

나무 사이에
살며시 묻어 놓고

나는 다만 그대 곁에 서서
말없이 바라볼 뿐.

창가에서

이 밤,
커튼을 걷고
창가에 서 있었다.

불 켜진 방 안보다
어두운 바깥이
더 따뜻하게 느껴졌다.

차가운 유리에 이마를 대면
생각이 멈출 줄 알았는데,
오히려 더 선명해졌다.

이 시간,
나는
나를 부른다.

고요의 속도

새벽은
느리게 다가왔다.

소리도 없고 기척도 없이
그저 존재로 머물렀다.

사람들은 잠들고
시간은 멈춘 듯한 그 순간에

나는 처음으로
나 자신과 눈을 마주쳤다.

고요는 생각보다 빠르게
마음을 파고들었다.

가로등

창밖 가로등이 내 커튼 위로
이름 모를 무늬를 만들었다.

누구도 보지 못하는 풍경이
오직 나에게만 펼쳐졌다.

외로움도
조금은 예뻐 보이던 순간.

잠들지 못한 마음이
조금은 위로받던 새벽.

가로등 불빛이
나를 안아 주었다.

새벽 3시

세상이 다 잠든 줄 알았는데
내 마음은 아직 깨어 있었다.

불 꺼진 방 안에서
혼잣말처럼 숨을 쉬었다.

누구에게 들키지 않을 만큼
살며시 그리움 하나가

뭉클하게
나를 흔들고 있었다.

새벽 3시는
언제나 말 없는 친구였다.

무제

있을 땐
쌈 동무,

없을 땐
그리움 동무.

누가 그렇게
내 마음을 때렸나?

찰나의 황혼은
길을 잃은 아이처럼
어둠속을 헤매고

기억은
끝내 떠나지 못한 채
내 안에서 맴돈다.

스며듦

습자지에 잉크가 번지듯
청빛이 스며들던 오후

하늘이 덮을 수도
땅이 담을 수도 없는

눈동자 속
가득 채운 이야기들이

수채화처럼 스며들어
조용히 나를 따라 흐르며

잊으려던 순간마다
그 색이 다시 번지고 번져

아무 말 없이
가장 깊은 나의 풍경이 되었네.

들뜸

밤이슬 맞은
영롱한 별들처럼

그대 그렇게
내게 오니

마음이
휘영하기 만하네.

사랑보다 더 아픈
들뜸이었네.

영롱함 속에서 잠시
숨이 멈추고,

가슴 속 어딘가
살며시 맥박이 울렁대네.

그대의 떨리는
숨결 한 줄기에

내 하루가
말없이 흔들리고,

이 들뜸이
사랑보다

더, 아파도
나는 이대로 괜찮네.

새벽 찬바람

새벽 찬바람이 창문을 두드릴 때
누가 나를 부르는 것 같았다.

그러나 아무도 없었다
그저 바람이 마음을 지나갈 뿐.

숨을 쉬는 것도 조심스러워
한동안 그대로 앉아 있었다.

어쩌면 이 외로움은
누구를 기다리는 게 아니라

내 안에 오래 살던 그리움 하나가
나를 부르는 것일지도.

별이 춤추네

별 밭에서 별들이
피아노 소리처럼
청아하게 쏟아지는 밤

보고픈 그리움이
하늘 위로 망울지며
춤추네.

새로 단장한 단청처럼
울긋불긋
고운 빛을 퍼뜨리며

보고픈 그리움이
황혼에
홀로 서 있네.

제2부

아무도 없는 날

사랑은

비단옷 입고 밤길을
헤매는 게 사랑인가?

빛으로 왔다가
그림자로 남는 게 사랑인가?

내가 나를 안아야 하는
지독한 외로움이 사랑인가?

마음을 놓지 못하고
동동거리며 살아 있는

그 이름 하나
사랑인가!

내 마음

한때는,
눈물 한 방울에도
무너질 것 같았다.

지금은,
그 무너졌던 자리 위에
작은 평온이 앉아 있다.

외로움도 이제는
익숙한 내음처럼
내 방에서 함께 한다.

나는 그렇게
나의 가장 안쪽에서
살금살금 살아가고 있다.

침묵

말을 삼키게 된 건
듣는 사람이 없어서가 아니고
말하지 않아도
내가 나를 알기 때문이다.

침묵은 이제
고통의 산물이 아니라
따뜻한
이해의 형태다.

나는
탄식 없이
나를
안아 주기로 했다.

아무도 없는 날

누구에게도
연락이
오지 않는 날이
이젠 덜 외롭다.

나는 그런 날,
조용히 빨래를 널고,
물을 끓이고,
구석구석 청소를 한다.

아무도 없지만
나는 여기 있다.
그걸 알게 된 것이
요즘 가장 큰 변화다.

세모

하얗게 날리는
눈송이들이
아스라이 소리로 다가와
감동으로 내리는 밤입니다.

지난 긴 세월이
어제 같기도 하고
때론 억겁처럼 느껴질 만큼
아득히 멀기도 했습니다.

이제 와서
고운 것들 손에 쥐어도
풍우(風雨) 속에 씻겨 버릴 사연들을
산화시켜 공기 중에 흩뿌립니다.

이 밤
차라리 한 줌의 그리움 담아
한 움큼 주고 주고는 잊으며
살아가렵니다.

바람

정신없이 바람이 분다
샤워하듯,
먼지들이
"샤샤" 소릴 내며
홀홀 훑고 지나간다.

마음속 깊은 곳에서
솟구치는 감동의 눈물로
나를 정화하려는 듯,
세찬 바람이 아우성치며
내 안을 흔든다.

모든 걸 휩쓸고
지나간 그 자리에
쓰러지지 않는
그리운 그 모습만 남긴 채,
정신없이 바람이 분다.

부치지 못한 편지

끝맺지 못한 편지가
몇 장이나 있다.

쓸 말은 분명히 있었는데,
끝까지 쓸 용기가 없었다.

그냥, 잘 지내는지
그 한 줄이면 될 것을

나는 왜 자꾸
그 끝을 망설였을까.

아직 부치지 못한 말들이
서랍을 가득 채우고 있다.

그리움의 사슬

그리움은
보이지 않는 사슬.

고리마다
내 마음이 걸려 있다.

떨어진 시간 사이로
고리 하나씩

휘감기듯 다가온다.
기억이 엮인다.

별들이 호수 위에서
반짝이며 춤추는 밤이면

순간 확 밝히는 단어에
가슴이 뛴다.

그 하나에
오만 가지 기억이 오락가락.

가까이, 더 가까이
그대가 밀려온다.

그리움의 사슬은
무엇으로 엮여 있을까?

그리움의 고리는
어떤 색이었을까?

아마도
고리 하나하나,

형형색색의
기억들로 짜여 있겠지.

그러기에 순간순간
그리움이란 감정의 무늬가

감동과 기쁨과 슬픔을
넘나들 거야.

밀랍 천사 이카루스

빈 거리를 홀로
헤매는 외로움이

시름 되어
덤벼 오는 이 밤.

아~~

바람이 머리를 숙이게 해
그리고 가슴에서 속삭여

깊은 곳으로 파고들수록
바람 소리는 더 슬프기만 해

이럴 때 태양을 향해
오르면 오를수록 녹아내리는

밀랍 천사 이카루스처럼
외로움도 이카루스 되어

뜨거운 심장에 녹아 흔적마저
사라지면 얼마나 좋을까!

그리움

샤르르 치맛자락 여미며
풀섶 사이
어렴풋한 가르맛길을
풀 내음에 취해 걸어가는데

마음속에
적지적지
담가 놓았던
그리움이

꽃씨 되어
고운 노랫가락 되어
담장 너머 바람 타고
슬렁슬렁 따라 나온다.

그 향기 속에서
말없이 멈춰 선다
그리고 나는
뒤돌아보지 못한다.

빈자리

빈자리를 바라보는 마음이
이젠 조금 다르다.

예전엔 그곳을
누군가 채워주길 바랐지만,

지금은
그 빈자리 덕분에

내가 나로
살아간다는 걸 안다.

비어 있는 곳은
텅 빈 게 아니라

내가 머물 수 있는
공간이었다.

기다림

춥고 추운
호수 위에
조개구름 떠다니는 날

사박사박 발소리
들려?
누군가 올 것 같아.

아니,
꼭 와야 할 것만 같은
화창한 날,

햇살 가득한 창밖을
배시시 바라보니
너의 모습 아른거려

폴폴 날리는
푸슬푸슬한
웃음을 흘린다.

출렁임

하염없이 내리는 눈송이를 사
이사이 소복이 쌓아 놓으면서도
까딱하지 않는 마른 솔잎을 바라보며
치렁해진 눈망울에
출렁이는 것은 오히려 내 마음이었네.

너와 나는

눈을 떴네.
잔잔한 감동이

누군가 함께 있는 것 같아
눈을 떴네.

아슴푸레한 강 건너
등불들이

비단결 강물 위에
여울지네.

뒷걸음친 내 마음은
열아홉에 멈춰 섰네.

세어보면
까마득한 옛날이지만

울렁거림은
지금이네.

옛날도 오늘,
오늘도 옛날.

너와 나는
스치듯

만날 듯
오고 갔네.

풀 물에 젖은 마음

아카시아 잎 따듯
왔다 갔다 하는 사이

풀 물에 젖은 마음이
가을바람과 함께하니

펼쳐지는 황혼 위에
수국이 활짝 웃네.

그 얼굴
그 향기 휘날리며.

태고

태고의 조각들이 모여
웅얼댄다.

길 떠난 시간 속에서
모르는 세월 흐르고

영혼의 굴속엔
공허함을 숨긴 채

두근대는 가슴 품고
구름 한 점 없는 하늘 보며

기약 없이 흔들리는
바람과 함께

이별을 슬퍼하는 촛불처럼
눈물 되어 술렁인다.

청춘

징검다리 외나무다리 건너
섶다리 너머 저편에
아린 거리는 청춘.

이렇게
떨리는
청춘이 있었다.

문장 한 구절, 단어 하나에도
열병을 앓으며
밤을 지새우던 시절

가슴이
덜컥 내려앉은
청춘이 있었다.

내 안의 바람이 자라던 시간,
눈빛만으로도
세상이 흔들리던 그때.

아무것도 모르기에 더 뜨겁고,

모든 게 처음이라 더 아팠던
청춘이 있었다.

지금은 지는 잎 주워들은
허탈한 마음이지만
가끔은 그 다리 위에서

다시 한번,
그 시절의 나를
마주하고 싶다.

잠들지 못한 날

무언가에
애타는 사람처럼
나는 잠들지 못했다.

생각도
그리움도
아니었다.

그냥
세상과
나 사이의 거리에서

한 걸음쯤
멀어진
마음이 있었다.

그걸 안고
나는 밤을
통째로 지새웠다.

물끄러미

창밖을 물끄러미
보다 보면
생각이 가라앉는다.

누가 떠오르기도 전에
그 사람의 마음이
빛 하나 되어 스쳐 간다.

그게 네가 아니어도
나는 괜히 안부를
묻고 싶어진다.

물끄러미
어쩌면 가장 오래 머무는
마음으로.

맑은 가을바람

내 마음 어딘가 숨어 있던
맑은 가을바람이
석양에 흐느끼며
한숨으로 흘러나온다

눈물이 매질 되어
말 대신
울먹이는 숨 사이로
감정은 파동처럼 번지고

그 흔들림 끝에
서러운 물방울 하나
눈가에 흘러
세상으로 떨어진다.

그리움처럼

그리움은
소리를 내지 않는다.
그래서 더 크게 들린다.

불러주지도 않았는데
나는 자꾸
그 이름을 안쪽으로 불렀다.

들키지 않으려
괜찮은 척할수록
그리움은 내 안에서 자랐다.

조용한 것들이
가장 심오한 법이다
그리움처럼.

노년

어스름한 여명 속에서
두 손 모아 고요히 우러러보네.

마냥 좋은 것만도
마냥 나쁜 것만도 아니었던

봄날 날씨 같은 지난 세월이
주마등처럼 스쳐 지나가네.

때로는 많이, 많이 힘들었고
때로는 많이, 많이 감사하며

멋지고 싶었고,
주님을 닮고 싶었네.

이제는 넉넉함으로,
하루하루를 채우며

조용히 타오르는 모닥불 되어
새순 같은 삶을 피워 가야지.

스며든 바람결

토성의 띠처럼
겹겹이 감긴 산허리를

돌고 돌아
나에게 스며든 바람결.

손끝에 스치는
촛불처럼

순간, 따뜻한
너의 모습으로 번진다.

그대 위해
바림질하던 볼의 연지기

설렘 되어
내 마음에 퍼지더니

어느새, 나는
붕 떠버렸다.

이름도 없이 너에게로
스며드는 중이다.

혼잣말

누군가
나를 부르는 것 같아
고요히 기다리며
입속에 대답을 삼켰다.

아?
내가 들은 건
바람 소리도 아닌
내 마음이 만든 메아리였다.

누군가에게 닿을 줄 알았던
마음 조각들이
처음부터 끝까지
나만 듣는 혼잣말이었다.

가을

툇마루에 걸터앉아
모락모락 피어나는
저녁연기에

마음이
흥건히
적셔오니,

나를 떠난
바람 같은
내가,

꽉 채운 씨앗의 무게에
고개 숙인 해바라기와
몰래 밀회를 나눈다.

가을이다.
흔들리는 내 마음도
수확할 수 있을까?

소나기

분노와 좌절을
토하고, 토해내 보았다.

짜잔~하는 승리는 얻지 못하고,
통쾌함도 평화도 없었다.

맥 풀린 채, 다람쥐 쳇바퀴 돌 듯
뱅뱅 돌다 보니

"침묵보다 더 나은 언어는 없다"라는
종착역에 댕그랑 홀로 서 있었다.

시간이 흘러
노란 민들레 피어나면

꽃빛 여울지듯 기적 소리가
감동으로 보름달처럼 차오를 때

소나기처럼,
한바탕 울어 보자.

소나기 되어
시원하게 울어 보자.

꼴깍 넘어가는 해님

간절한
눈빛으로
소맷자락 붙잡아도

까딱수에 꼴깍 넘어가는 해님,

무정한 임의 그림자
다홍치마 휘날리며
하늘 위에 펼쳐지네.

저물녘 넋 놓고 하염없이
바라보고 있노라니
도리 없이 눈물만 흐르네.

아름다운 나이

하양,
모진 비바람 맞으며

세월 흘러
나이가 먹었다는 것.

이제는,
세상사에 휩쓸려

출렁대는 파도도 타지 않고
비굴해지지 않아.

진솔한 나와 함께
잔잔한 호수 위에

일엽편주
띄우고

밤이면 달그림자 찾아
달마중 가고

별들과
지난날을 속삭이며

반짝거리는 별빛이
오늘의 행복이라 알고

눈으로 미소 지으며
감사와 함께 하루를 살아가네.

우리들의 나이여!
얼마나 아름다운가!

감꽃 목걸이

웅변대회 잘하라고

하늘색 바탕에
잠자리 날개 같은
하얀 카라가 달린
간땅구를 입던 날

감꽃 목걸이 목에 걸고
자랑삼아
온 동네
폴딱폴딱 뛰다 오니

콩콩이 박혀버린
감물 때문에
작은 가슴 타들어 가는
절절한 안타까움이

지금은
달콤하게
가슴에 스며드는
행복한 시절이었구나.

꿈이었대

그건
꿈이었대.

누가 그렇게
말했을까?

"네가 너한테…"
"내가 나한테…"

세상은
무지개였대
빨·주·노·초·파·남·보,
보·남·파·초·노·주·빨.

공허한
하늘을 바라보며,

네가 너에게,
내가 나에게,
다시 말했지

그건
꿈이었대.

서러움

구름 속에 담겨있는
아픔이
제 몸 가누지 못하고
빗물로 쏟아지네.

마음속에 담겨있는
스산함이
쓸쓸한 사연 되어
눈물로 쏟아지네.

텅 빈 가슴 한쪽이
정처 없이
사무치게
젖어 드는 저녁.

어쩌면 서러움이란 게
혼자일 때보다
기억할 때
더 아프다는 걸 알았다.

11월 첫날

11월은
가장 외로운 달이다
가을아씨 떠나 보내는 달이기에.

떠나가는 뒷모습을
차마
마중하지 못하고,

사각거리는 낙엽 소리만
귓가에 여명처럼
남아있는데,

황금빛 들판처럼
풍성한
한 편의 고운 시와

옆구리 시리지 않을
아름다운 인연을
함께 받았다.

11월 첫날에.

그 시절

절로
피어나는
아름다움.

꽃향기처럼
흩뿌리는
고운 내음.

구르는 낙엽에도
까르르 웃던
순수함.

포도송이처럼
알알이 모였던
본전 다방.

굽이굽이
고빗사위 넘듯
지나온 세월 속에서

거짓인 것이

더 많다는 걸
알게 된 지금,

더욱
그리워지는
그 시절

놓칠까 봐
꽉 움켜쥔
초롱꽃 같은 내 마음.

황혼

황혼이
알콩달콩
보들보들한 솜털로
비단 이불 만들어
한쪽 하늘을 덮었네.

따뜻한 저녁노을 위로
살그머니 번지는
은은한 빛 한 줄이
내 마음을 덮고
포근히 안아 주네.

산등성 붉은 해

산등성 붉은 해는

가고 싶으면
빨딱 넘어가고
오고 싶으면
딸싹 오고 하더니

저 깊고 깊은
심연 속에
마중물 부었나?
맥 놓고 바라보니,

아주
눈물만 솟아
눈물이 넘쳐
눈물만 흐르네.

산등성 붉은 해는

내 마음속
골목을 비추며

긴 시간 닫혔던
내 안의 꿈을 깨우고

햇살 아래
내 어깨를
쓰다듬으며
다정하게 말해주네.

"이제 괜찮아,
눈물은
힘의 시작이야."

이름 없는 날들

날짜를 잊은 지 오래다.
사람을 잊은 건
그보다 더 전이었다.

누군가 나를 불러주는
정겨운 소리에 눈을 뜨니
꿈이었다는 걸 확인한다.

꿈은 꿈으로 묻지 못하고
먼지처럼 흩어질
말들만 쌓아 놓았다.

외로움은 소리도 없이
문틈을 헤집고 들어와
내 마음을 에이고 있다.

허무한 떨림

허무한 떨림 속에서도
차마 사라지지 못 한

그 누군가의 잔향이
사무치게 묻어 있다

이제
나의 두 눈 사이로

스며드는
미세한 바람은

지워지지 않은 기억 속의
꾸물한 구름처럼

어둠이 스민 마음 구석에
허전함만 골라 남겨둔다.

나는

나는
황혼 녘 처마 끝에
앉은 새를 보면

짜릿한 외로움에
파르르 날갯짓하며
어찌할 바를 모른다.

나는
무너진 담벼락에
대롱대롱 달린

마른 잎을 보면
메마른 쓸쓸함 되어
허공을 떠돈다.

나는, 왜
새가 되고,
나뭇잎이 되는가?

기도

내가 이렇게
머리가 좋았던가?

잊고 싶은 지난날들이
왜 이리 선명히 기억나는지.

벗어나자.
노래를 듣자.

음악은
심금만 울려주기를 바랐건만,

온몸의 감각을 깨우니
감당할 수 없어라.

너무나 안타깝고
슬픈 사연들도

무심한 강물 속에
풍덩 집어넣고

허탈한 모습으로
휘청이네.

눈을 감으면
깜깜히 젖어 있는 땅거미.

숨조차 붙잡히는
이 무력함 속에서,

끝없이
가라앉을 때,

바라옵건대,

기도와 함께
깨어나게 하소서.

그리고
마지막 순간까지

기도와 함께
살아가게 하소서.

끝내, 흐르는 마음

비를 품고 있는
까만 먹구름이
바람에 삐끗하면

모았던 빗물이
쏟아진다
폭우 되어.

참았던 말들
삼켰던 마음들이
소나기 되어

양철지붕을
드럼 치듯 두드리고 나면
괜찮아질 줄 알았는데

소리만 요란할 뿐
또 말 못 한 생각들이
홈통 속에 고인다.

소나기는 그쳐도

마음은
끝내, 흐르고 있다.

오늘의 숨결

꽃 몽우리 벙글어져
폭발할 것만 같은
황홀함이 나를 감싸네.

아득한 절정의 순간이
한여름 번개 치듯
나에게로 오니, 그저

나는 숨을 고르며
솟구쳤던 가슴의 떨림을
눈으로 달래며 기다리네.

이제는 이 설렘이
평온하게 자리 잡아
오늘의 숨결로 남고 싶네.

건방

"건방 챙기세요~~"

결코, 오타가 아닌 그 단어,
마주하는 순간
황당하지만
생각하면 할수록
가장 절절한 충고!

진즉 챙겼더라면
뒷모습이
그토록 초라하지는
않았을걸.

그들의
입안에서
아무렇게나
굴러다니는 낱말이
되지는 않았을걸.

'친절'
친절은 상처가 되었네.

마음에 고여 있는 '배려'가
꽃잎을 빻으며 쥐어짜는
아픔이 되었네.

드높은 가을 하늘에
깊은 마음 처절하게
후회해도
또 한 번 가슴을 열어 보자.
마음이 스산한 가을이니까.

마지막 명연기

슬픔이여
너나 슬퍼라.

죽음이여
너나 먼저 죽어라.

오기로 똘똘 뭉친
무지막지하게 아픈 어느 날,

쌍무지개 떴다 해도
위로받지 못하던 날,

방안을
무작정 헤매다가

이토록 팽팽하게 버티며
하루를 견디느니

차라리 한 번의 연기로
모든 걸 덮어버릴 수 있다면

그 연기를 마지막 무대처럼
장엄하게 남기고 싶다.

살아 있는 동안
온전히 보여주지 못한 내 진심을

눈물도 아닌, 말도 아닌
연기로 외치고 싶다.

단 한 번 내 인생의
마지막 명연기로.

사위어 가는 조명 아래
아무도 박수(拍手) 치지 않아도

그때야말로
나는 나였다고 외치며

화려하게
퇴장할 수 있을 테니.

제3부

마음속 작은 봄

파랑새

많은 사연은
백색으로 스며들고,

깊고 깊은 해저엔
들어갈 문이 없다.

태고부터 파랑새 찾아
길 떠난 우리는

아직도
시간과 빛과 함께

산 너머 저편
행복 찾아

우주를 유영하듯
천천히 날갯짓한다.

입춘이래요

찬 손 호호 불며
찬바람
꿰매고 있는데

눈송이
사이사이로
방긋 인사하는

오늘이
오늘이
입춘이래요.

내 마음도
풀꽃 같은 봄을
살며시 피우네요.

얼어붙었던
숨결 속에서도
겨울 끝자락의

포근한 위로가

살포시
스며드네요.

추워 추워했던
날들도
가만히 물러가고

봄의 첫인사가
눈꽃처럼
흩날리며

우리 안에
온기를
남기네요.

입춘이래요.

봄비

봄비 쏟아지는
날,
속절없는 달빛도
무작정 쏟아지네.

봄비 쏟아지는
날,
살랑살랑 향기는
꽃잎 속에 숨었고,

봄비 쏟아지는
날,
애태우는 심사 하나
오작교에 남겼네.

봄비 쏟아지는
날,
봄비 같은 그리움을
굽이굽이 마주하네.

봄비 쏟아지는

날,
달빛에 모여드는
꽃 그림자 되어

봄비 쏟아지는
날,
그것은 우리의
얘기가 되리라.

목련 꽃

목련 꽃송이마다
슬픈 정이 묻혔네.

베르테르의 편지를
다 읽기도 전에

변덕스러운 봄바람에
슬픈 비 되어

토하듯 떨어지는
꽃잎.

그 잎 주워 품에 안고
한참을 바라보니

내 안에서 목련 꽃이
연보라로 피어난다.

꽃분홍 립스틱

봄에는
파란 하늘에 걸터앉은
나뭇가지가
외로움의 한 획을 긋는다.

봄에는
살랑살랑 흔드는
봄바람이
가슴을 설레게 한다.

봄에는
독립선언을 외치는
투사처럼
꽃분홍 립스틱을 꼭 바른다.

그래야 봄이
나를 용서한다.
그래야 봄이
나를 찾아온다.

올봄에는

올봄에는
입가에 머무는
따뜻한 미소로
조용히
새싹 하나를
맞이하리라.

또
바람에 떨리는
내 마음도
잠시
봄에게
속삭여주리라.

안개

바위 위를
아스라이
감싸던
안개는

저만큼
비켜선
꽃 그림자까지도
살포시 덮어 버렸다.

닿을 수도
만질 수도 없는
형체 모를
결정체.

마음속에
쓸어 담고 싶었지만
덧없이
날아가 버린 안개.

마음속 작은 봄

투칼스럽게
지나온 세월,
지팡이에 의지하며
먼 산 바라보니

해가
떠오르는데,
구름도 사르르
뜨는구나.

하…
걸어온
길이
아슬하여라.

지친 무릎 이끌고
내 삶의 무게를
 고스란히 품는
겨울의 끝자락에서

그저 여기 있어도

괜찮다며
마음속 작은 봄이
토닥토닥 안아 주네.

퍼 올릴 수 없는 달

호수에 떠 있는
휘영청 밝은 달을
통통배 타고 훑어버려도

뒤돌아보니
거기 그대로 있네
거기 그대로 앉아 있네.

허수한 마음에
지천으로 흩어지는
그리움이

파도 되어 달과 함께
스름스름 퍼지네
살금살금 퍼지네.

두레박으로
퍼 올릴 수 없는 달처럼
내 마음의 그리움도

퍼 올릴 수 없네
퍼 올릴 수가 없네.
어떡해?

달빛

멀리서 가까이서
휘감기는 달빛,

가을과 석양이 만나는 곳에
달빛만 조용히 흔들리니

꿈인 듯 속절없이
가버린 세월이여.

무정하게 타들어 가는
마음도, 원망도,

이젠 달빛 아래
가만히 서성이며 숨죽이네.

달빛 속에
어두움 없이 걷는 내 그림자가

곁에 다가와 소곤거리네.
세월도 원망도 모두 다 참았다고

이제는 그저
그리운 달빛 되어 가라고.

교교한 달빛

저고리 고름
풀어헤쳐도
교교한
달빛은

하늘에서는
흩어지고
땅에서는
숨어버렸다.

손끝에서
맴돌던 그 밤,
달빛 아래
살랑거렸는데

지금은
허허로운
바람 따라
풀잎들만 운다.

호수에 잠긴 달

호수에 잠긴 달이
물결 따라 아른거리니

돌아온 내 마음도
함께 잠겼네.

지난날 한갓지게
꽈리 틀은 앵고롬이

출렁이는 물결 위에
허둥허둥 삐져나와

후들후들한 달빛 되어
지나가는 길손을 부르네.

새벽달

아직도
"너" 거기 있구나.

파리한 하늘빛
꽃그늘 사이로

젖어드는 뽀얀 너의 모습
아련히 그 자리에 있구나.

설렁설렁한 떨림처럼,
도란도란 속삭이듯

가슴은
저릿하게 먹먹해지고

반짝이던 은빛 파문은
"너"의 절정이었지

아득한 옛 기억을
담채로 채색해 보지만

"너"에게서 퍼져 나오는
지천으로 흩날리는 감동은

그 어떤 색으로도
다 담을 수 없구나.

달에게 말을 걸었다

깊은 밤,
창밖을 보다 나도 모르게
"괜찮아?" 하고 물었다.

달이 아무 말 없이
그윽히 바라보기만 해서
더 슬펐는지도 모른다.

말이 없는 존재들이
더 많은 걸 알고 있는 듯해서
나는 잠들기 어려웠다.

그 밤,
쓸쓸한 달빛만이
내 곁에 누워 있었다.

말 없는 방

어떤 방은
말이 너무 많고,

어떤 방은
너무 조용하다.

나는 말 없이
 앉아 있다.

시계를 바라보다
눈을 감는다.

그 속에 있던 하루가
그냥 그냥 지나간다.

아무 일도 없었던 오늘이
나를 조금 더 비워냈다.

오늘이 있다

눈을 뜨니
세상이 동화 속

크리스마스 마을처럼
설레게 온통 하얗다.

앙상한 가지 위에
보송보송 목화꽃인 양

뽀얗게 앉은
눈송이들이

햇빛이
늠실늠실 퍼지니

사르르 녹는다.
허무하다.

꿈을 만들었던
화려했던 순간도

아무 말 없이
스스로를 지운다.

시간이 지나니
내 안의 웃음도

눈처럼
녹아내린다.

아무 일도
없었던 것처럼.

그래서일까
더 뜨겁게

붙잡고 싶은
오늘이 있다.

내 그림자

감정이란
길도 없는데
혼자서 정처 없이
흘러가는 것.

가다 보면
눈동자 위에
아른거리는
고즈넉한 석양빛이

발에 차이듯
잔디 위에
쓸쓸히
흩어져 있다.

나는 이제
석양이
몰래 스치고 지나가는
그 여운 속에

한 조각

뚜렷하게
내 그림자를
남겨두려 한다.

무제

뻘로뻘로
살다가

간지도 모르고
온지도 몰랐어.

불면 날아갈까?
저물면 꺼질까?

없으면
휘젓해

쪼꼬롬하니
살면 안 돼

행복을
많이 걷어 와

나한테도
좀 주시구려.

아! 추위!

구름도
꼼짝달싹 못 하고
제자리에 서 있는 추위.

호호, 입김 불면
유리창이 쩍쩍
갈라지는 추위.

눈과 얼음이
뒤엉킨
속살을 바라보니

지난 세월의
아픔이 소름 돋게
다가온다.

아! 추위!

침묵

묵직한 침묵 속에서
모든 것과 사이좋게

숨 쉬기 위해
한숨을 삼키네.

외로움도 그리움도
나의 일부임을.

그렇게 거대한 밤도
견뎌내려 하는

내 안의
파도치는 몸부림임을.

인생 · 1

지구는 둥글고,
둥근 데서
뱅뱅 돌아가며
정신없이 살다 보니
멀미 나고 어지러워,

가끔은
허무의 동굴에 숨어
춤추는 꼬락서니를 보며
박장대소하는 게
인생인가?

어쩌면
매번 다시 일어서는 게
가장 솟구치는
예술적
인생인가?

인생 · 2

미라보
다리 위에

혼자 거닐던
안개가

눈송이처럼
맥없이

강물 위에
추락하면

더욱 선명해지는
교각의 문양들.

그 속 촘촘히 박힌
쓸쓸함이여,

마주하기 두려운
외로움이여,

떠올릴 수 없이
짠한 그리움이여,

안타까운
너와 나의 사랑이여…

누구도 머물 수 없는
순간 속에서

나그네 되어
흐르던 인생에서

침묵과 들뜸의
파도 속에

하루는 웃고
하루는 울었네.

인생 · 3

잘 살아라
인생들아
윤슬처럼
반짝반짝
쑥떡쑥떡
콩떡콩떡
찰떡찰떡
옥실옥실
잘 살아라.

그대

서리 맞고
소스라치며
물 보고
가슴 시린
그대는,

빨갛게 피어나는
꽃송이인가!

추운 바람에도
떨리지 않고
빛마저 안으며
고요히 피어나는

그대의 붉음은
상처인가,
아니면
사랑인가!

자화상

어느 날
누군가 내가 문득 그립다면

나는
이렇게 기억되고 싶다.

햇살처럼 웃고
비처럼 울었으나

끝내 사랑을 믿은
하나의 숨결로.

하여
아른거리는 내 모습이

그리움처럼
따뜻한 여운으로 남고 싶다.

정

깊이 스며드는
마음의 속삭임

마음 가장자리에
스르르 남아

누군가의 손길처럼
다가왔다.

위로보다
더 따뜻함을 담아..

사랑이라는 이름으로
품었던 것

병풍 위에 펼치 듯
그려 놓는다.

독백

삶의 모서리에 걸려
고통스러웠던 날들.

무심히 지나쳤던 시선들
이제야 마음에 상처로 남아

이별이라는 공허한 공백 위에
'독백'이라는 시를 빌렸습니다.

오로라 · 1

밤하늘은 고요뿐이었다
구름은 하늘 속에 갇혀 있고
어둠은 내 마음도 깊게
잠들게 했다.

그러나 렌즈를 들이대자
빛이 터져 나왔다.
초록의 강, 보랏빛 파동
감동의 물결이 밤하늘을
흔들었다

나는 알았다.
세상은 눈에 비친 만큼이 아니며
보이지 않아도 수많은 빛들이
존재한다는 걸…

어둠에도 빛이 있고
침묵에도 노래가 있으며
내 안에도 숨은 오로라가
흐르고 있었다.

오로라 · 2

하늘이 꾸는 가장 아름다운 꿈이
바로 오로라였다

빛의 치마를 입고
별들과 함께 춤을 추고 있는
오로라!

보라와 초록이 손을 잡고
춤을 추자
별들은 차라리 눈을 감았다

영원을 품은 노래가
밤하늘에 번져 간다.

제4부

사군곡 (思君曲)

사군곡(思君曲)
-아쉬움

찬비 맞으며
걸어오는 너를 보고

너의 말투가 조금 더
조심스러워진 걸

너의 웃음 속에
빈자리가 생겨 있던 걸

너의 안타까운 신호를
알아차리지 못하고

나는 왜 웃기만 했을까?
아쉬움에 마음만 애타네.

사군곡(思君曲)
－사랑의 흐름

속절없이
내리는 눈처럼,

사랑의 흐름도
그대 향해 멈추지 않네.

마음은 그대 곁을
떠나지 못하고

계절이 바뀌어도
그 모습 지워지지 않네

말하지 않아도
흐르고 있는 사랑이여

그대의 영혼 속에 머물 수 있다면
나는 그걸로 충분하네.

사군곡(思君曲)
-임의 숨결

지나간 그림자
못내 아쉬워
출렁이는 나의 숨결.

밀물 되고 썰물 되어
철석이는 소리만
요란할 때

달랠 길 없는
가슴속 헤치고
포근히 안아 주는

임의 숨결.

풀 돋고 꽃 피면
그 숨결 내 안에 스며
거문고 소리 되어

살갑게 미소 지으며
"사랑해!"
애달픈 가락 들려주겠지.

그 사랑
닿지 못해
안타까운 것 아니라,

닿았기에
오래도록
남아있다네.

사군곡(思君曲)
－편지

바람 속에 묻혀
함께 흐르는
맑은 나의 영혼을

노래하는
새소리에 담아
구름에 띄워 보냅니다.

저녁노을이
고개를 숙일 때
기러기 편에

들국화 같은
내 마음의 편지가
그대에게 전해지기를…

사군곡(思君曲)

−당신을 보내며

1. 당신이 가던 날

그날은 유난히도 함박눈이
많이도 내렸었네.
창밖을 바라보며

"눈이 오네…"
당신이 쓸쓸하게 말했지.
"그래, 여보, 눈이 많이 와."

대답도 없이 그저 멍하니
애처롭게 하염없이 바라보다가
"이제 나도 한숨 자려는데,
당신도 가서 쉬어."

화장실만 다녀와서
당신한테 갔더니
당신은 눈을 감고 있었어.

한숨 자라 하고 조용히
내 방으로 돌아왔고…

잠시 후
부산스러움에 놀라 뛰어갔을 때
화장실 앞에서 창백한 얼굴로
눈을 감고 누워 있는 당신을 보며
너무 놀라 어찌할 줄 모르고 있는데,

아이들이 911에 전화하고
10분도 안 돼 그들이 도착했어.
인공호흡을 시작했지만
당신은 반응이 없었어.
조용히 눈만 감고 있었어.

그렇게도 좋아하던
하늘과 바람과 눈과 비를
어찌하라고.

2. 따스함

도저히 실감할 수 없어
당신의 손을 잡고

주물럭거려 보았지만
아무 반응이 없어
무작정 당신 곁에 누웠어.

아, 그런데 이게 웬일인가?

당신의 품이 내가 혼절할 듯
포근하고 따뜻했어.
처음 경험해 보는 설명할 수 없는
영혼마저 감싸는 듯한 따스함!!
감격 그 자체였어!

온 가족이 지켜보는 가운데,
당신이 그토록 사랑했던
우리 앞에서
평화롭게 눈처럼 사르르 가버렸네.

'노진'이는 속삭였어:
"아빠, 걱정하지 마시고 편히 가세요."
아빠가 항상 하신 말씀처럼
꿈에서라도 한번 할아버지 할머니를
뵐 수 있다면 좋겠다고 하셨지요.

아빠!
할아버지 할머니 만나세요.
그러면서 언제 보관했는지도 모르는
그 옛날 할머니의 녹음을 당신 귀에
들려줬었지.
"아빠, 편히 쉬세요." 하면서

'노설'이는 손을 잡고 울며불며 말했네.
말로 표현할 수 없는 애틋함을 담아
몸부림치는 심정으로
"아빠, 아빠, 사랑해요"

아직도 따뜻한 체온이 남아있는
실감 나지 않는 상황 속에서
나 또한 당신의 따뜻한 손을 잡고
"그동안 많이 힘들었지?
정말 고생했어…."
한없이 울었네.

3. 꽃잎처럼 피어난 사랑

꽃보다 더 청초한,

평화로운 모습으로
당신은
눈처럼 사르르 가면서
예쁜 꽃잎 하나
내 가슴에 피워 주었네.

그날은 2023년 1월 29일이었네.

사군곡(思君曲)
-26일째

오늘이
당신 가신 지 26일째,
내 가슴에
26개의 꽃잎이 피어 있네.

49개 꽃잎을 피우겠다고
나는 나에게 다짐했었네.
49개의 꽃잎 피는 날,
우리는 '사랑초'가 될테니까.

당신은 나비 되어 나에게로 와
꽃잎 되어 꽃과 잎으로 만나
아름다운 꽃 한송이가 될테니까.

하여
당신과 내가 함께 하는 동안
힘들었던 기억들
용서하고 보듬으며
꽃잎 하나하나 필 때마다
나에게 준 사랑임을 알고.

우리 아버지가 "연숙이다."
하시며 살아생전 정성으로
키워 주신 진정한 사랑초가 될 때까지

가슴 미어지도록 그리워하고,
보고싶어하며, 기다릴 거야.
당신과 내가 다시 만날 그날까지.

사군곡(思君曲)
-29번째 꽃잎

보고픔이
밀려오기도 전에

눈물이 먼저 주루룩 흐르며
29번째 꽃잎을 피웠네.

울고 또 울면서
그대의 손길이 묻어 있는 곳

만지고 또 만져 보며
한없이 울었네.

어제도 눈이 오더니
오늘도 눈이 오네

희미한 숨결마저
바람결에 실려 사라지고

그대 부르다 지쳐
이름조차 목멜 뿐이네.

차가운 이 계절 속
마음 한 켠이 자꾸만 시려

그립단 말조차
소리 없이 얼어붙네.

사군곡(思君曲)
-그대의 목소리

33개 꽃잎이 피는 날,
꿈속에서
그대는 목소리로 내게 왔네.

어떤 여자가 다가와
내가 한국일보에 뽑혔다며
등단하기 전에 마사지를
받아야 한다고 나를 데리러 왔네.

내세울 것도 없는데
왜 내가 뽑혔느냐고 물으니까
네가 누군지 내가 보여줄게.

그러면서
이 꽃 저 꽃 많이 있는 복도를 지나

창 너머
뽀얀 눈 속에 피어 있는 아련한
진한 핑크빛 설중매가 잎도 없이
꽃만 백만 송이 백만 송이 달린
두 그루의 큰 나무를 보여주며

"저게 너야!"라며 손으로 가리키며
마사지 받는 대로 나를 데리고 갔네.

구석구석 깨끗하게 시원하게
마사지 받는데 걸리는 시간이
3시간이라고 그러네.

'아, 깨끗하고 시원하겠구나.'라고
생각하며 마사지 받는 곳에 도착했더니
여자들이 손톱을 예쁘게 바르고
양지바른 곳에 옹기종기 앉아 있기에
'뭐 하느냐?'고 물었더니
손톱 말리는 중이라고.
손톱만 말리는 데 한 시간이 걸린다고.
그래서 마사지 받는 데만 세 시간이나 걸린다고 해서
너무 늦을 것 같아
내가 집으로 전화했더니
당신이 받았어.

내가 "여보 어떻게 해?
세 시간이나 걸린데…
그러면 열두 시가 지나가는데

점심을 어떻게 해?"라며
걱정스럽게 말하니까
평소 그 목소리 그대로
"알았어. 걱정하지 말고 잘 하고 와."라고 했지.
그런데 힘이 약한 목소리였어.

그렇게 말해주는 당신 때문에
감동하며 울먹이는 목소리로
"고마워."라고
나는 답했지.

그렇게 당신은 목소리로
나를 찾아 왔네.
그날 밤.
항상 빨리 오기를 바라는 당신이
세 시간씩이나 걸리면 너무 오래 기다릴 것 같아
빨리 가고 싶어 그 여자에게 전화해서
나는 손톱 안 말릴 테니 두 시간 후에 오라 했더니
"알았다."라고 그랬네.

잠을 깨고 나서 얼마나 마음이 편안한지 …
두 시간 후에는 만날 수 있다는

안도감에 나는 정말로
오랜만에 다섯 시간이나 잠을 자고 일어났네.

지금도 눈에 선한 설중매는
당신과 나의 모습이고
우리 자식들로 인해서 당신과 내가
그렇게 환하게 피어 있을 거라고 생각했네.

"여보 고마워!! 많이, 많이 고마워!
내가 당신과 다시 만나는 그날까지
고마워! 고마워! 할 거야."

사군곡(思君曲)

— 지니

우리는 다시 만났다
나비 된 당신을

2월 9일,
열두 번째 꽃잎 피는 날,

청보랏빛 당신이
진짜로 날아왔네.

당신 담은
예쁜 항아리.

민서는 말했지:
"So beautiful!!!"

"할머니 지니가
나올 것 같아!"

당신은 우리를 위해
지니가 되셨네.

애타는 마음이
조금은 진정되네.

얼마나 반가운지!
얼마나 보고 싶은지!

당신이 나비처럼
찬란히 날아와 주니,

우리는, 우리는
영원히 함께하리라!

사군곡(思君曲)

－나비 인사

그대가
나에게 왔다.
2023년 3월 11일.

나비가 내 창가에 날아와,
풀지 못한 아쉬움 보따리를
살며시 풀듯 그대가 왔다.

보따리, 보따리 쌓인 그리움,
몰아쳤던 시간과 이야기들이
이제야 내 마음 한가운데 놓였다.

내 가슴 속 숨길 수 있었던
아픔과 사랑이 소리 없이
고개를 들었다.

그대의
발자국 없는
나비 인사 때문에.

하지 못한 말들

주지 못한 온기들이
나비 날개처럼 떨리며

내 곁을
맴돌다가
조용히 사라진다.

나는 안다
그 인사가 끝이 아니라는 걸
언젠가 다시 돌아올 것이다.

봄이든
꿈이든
내 마음 가장 깊은 곳으로.

사군곡(思君曲)
–나비의 인사

2023년 3월 30일
나비가 날아와
소파 위에서 한 바퀴
빙 돌다 내 손에 살짝 앉았네.

순간, "이게 뭐야?" 하니
놀라서 나비는
황망히 날아가 버렸네.

이제야 알겠네.
그건 나에게 건네준
인사였다는 걸.

당신을 생각하며
내가 정성껏 준비한
꽃을 보고,

당신 자리도 보고
나를 향해 날아와
나를 만져주었네.

아…
그런데 나는 왜 그때
아무것도 몰랐을까?

아쉬움에
마음만 애타네.
지금도 애만 타네.

사군곡(思君曲)

-나비

3월 21일,

창가에 나비 한 마리
조용히 앉았네.

3월 24일,

두 마리 나비가 함께
창가에 앉아 있네.

아!
엄마도 오셨구나!

기 서방,
외롭지 않게 옆에 계신 걸까?

사군곡(思君曲)
-이별

나는 이별을 생각하면
영화 「닥터 지바고」가
떠오릅니다.

끝없이 펼쳐진 설원 위,
기차는 묵묵히 달리고
유리창엔 차가운 김이 서립니다.

그 창 너머
멀어지는
누군가의 뒷모습

손 한 번 제대로
흔들지 못한 채
시간 속으로 사라져갑니다.

광활한 허허벌판,
에이는 듯한 찬바람을 맞으며
나는 그저 서 있습니다.

미어지는 가슴 한복판,

감당키 어려운
먹먹함이 차올라도

그저 하염없이,
그 이별을
바라볼 뿐입니다.

라라의 테마처럼
아름답고도
쓸쓸한 선율로

내 안의 한 시절이
총총히
막을 내립니다.

사군곡(思君曲)
-빈자리

그대,
앉아 있던 자리에
빛이 스며들었다.

한적한 오후,
커피잔 속에서
시간은 식어갔다.

그대,
떠난 자리만큼
내 마음도 비어 있었다.

허허실실 외로움이
그 자리를
지키고 있었다.

사군곡(思君曲)
— 꿈

"이건 또 뭐야?"
흰 구름 깊은 곳에서
사르르 잠이 든 꿈이야.

혼자 헤매지 않고
묻지 않아도 언제든지
올 수 있는 그대 있으매

지나간 세월,
아픔 속에 버려져도
끝내 놓지 못한

한 올
명주실 같은
그대 있으매.

그냥
가끔씩 혼자 꾸는
꿈속의 꿈이야.

새벽녘 눈 뜨면

아직도 내 손등에
그대 체온 머무는 듯해서

나는 또
나뭇잎에 매달린
흰 구름 바라보며 꿈을 꾸네.

사군곡(思君曲)
-그날 이후

말 한마디 없이 떠난
너였지만 네가 없다는 말은
온 방 안에 가득했다.

숨결만 맴돌고
누웠던 자리엔
찬바람만 여울거리는데

나는
아무에게도
말하지 못했다.

TV 소리는 켜두었지만
그건 나를 위한 소음이지
위로는 아니었다.

그날 이후로 나는
하루에 몇 번씩
혼자가 되는 법을 연습했다.

사군곡(思君曲)
－오래된 의자

그 자리에 앉으면
한 사람이 생각난다

이제는 보냈다고
다 지나갔다고
스스로에게 말하지만

등 바지에 등을 기댈 때마다
그 사람의 체온처럼
기억이 천천히 등을 감싼다

나는 오늘도 따뜻한 온기에
샤르르 눈감으며
그 한 사람을 그리워한다.

사군곡(思君曲)
-어느 날 갑자기

어느 날 갑자기
네가 보고 싶었다.

별일도 없었고
슬픈 노래도 안 들었는데,

마음 한 곳에
장만해둔 눈물을 꺼내 들었다.

이유 없이
그리운 날이

가장 깊이
사랑한 날이었는지도.

그날 나는 너를 떠올리며
애절한 가슴만 쓸어내렸다.

사군곡(思君曲)
― 첫눈

너를 생각하다
창밖을 보니
눈이 내리고 있었다.

눈처럼
소복이 왔다 아무 말 없이
가버린 그대.

항상 함께하니
사랑이었다는 걸
몰랐었다.

지금
와서야
안다.

너는 내 안에
내리지 않은 적 없는
첫눈이었다는 걸.

사군곡(思君曲)
-차가운 손

문득 손이 차가워서
누군가의 손을 떠올렸다.

아무 말 없이
내 손을 덥혀주던 사람.

지금은 누구의 손도
닿지 않지만,

기억은 이상하게
온기를 더 오래 품는다.

차가운 손끝에
따뜻한 기억이 남아있다.

사군곡(思君曲)

― 그림자

낮에는 잊은 줄 알았다
햇빛이 따뜻해서.

마음도
괜찮은 줄 알았다.

그런데 황혼이 다가오니
너의 그림자가 길어졌다.

너의 빈자리가
그 속에 더 길어졌다.

나는 오늘도
네 그림자 따라

너를
걷고 또 걸었다.

사군곡(思君曲)
― 상실

그대
떠난 자리는

횡한 바람만 맴돌고
쓸쓸한 마음이 앉아 있다.

그리움은
조금씩 다르게 아프고

기억은
말없이 색이 바래간다.

즐거웠던 날들은
빛바랜 사진처럼 희미하고

미처 하지 못한 말들은
내 안에서 숨죽여 운다.

상실은,
잃어버린 게 아니라

익숙해지는 일이라는 걸
이제야 조금 알게 되었다.

사군곡(思君曲)
-그리움

당신 떠나고 나니
내가 당신께 얼마나 못 해줬는지,

얼마나 더 따뜻할 수 있었는지를
하나둘 후회로 꺼내 봅니다.

미안하단 말,
고맙다는 말,

입안에서만 맴돌다가
결국

전하지 못한 말들이 되어
지금에야 가슴을 칩니다.

그리움이란
옆에 있으면서도

다 헤아리지 못한
그 시간이더이다.

이제는 다시 불러도
대답 없는 당신이지만

함께했던 순간들이
더 또렷이 떠오릅니다.

당신이
그대가 되어

그리움이라는 이름으로
내 안에 남았기 때문입니다.

사군곡(思君曲)
-그대 향기

비가 오는 숲속을
임 그리워 하염없이
바라볼 때,

빗소리 따라
마음 저편에서 울렁이는
'보고픔'이 춤을 추네.

빗줄기 한줄기
내 등 위에 내려앉아
서러웠던 가슴을

살며시 두드리며
"그대의 향기"를
또렷이 꺼내 주네.

기억이
이 작은 숲길을
정처 없이 걷다가,

그대의 향기에 취해

빗소리에
마음을 누이면

그대,
한없이
속삭이네.

그대,
그렇게
내게 다가오네.

사군곡(思君曲)
― 그대 뜰 앞

그대 뜰 앞,

우두커니 선 나는
차마 얼굴을 들 수 없어
그림자도 좇지 못하고
까만 땅만 바라본다.

그대 뜰 앞,

망부석이 된 나는
꿈길 뒤안길에서
그대를 향한
그리움만 응시한다.

사군곡(思君曲)

-여보! 나야

마음엔지
살갗엔지
스치는 떨림.

불어오는
바람도 없는데
알려 주는구나.

"여보! 나야!"

달빛이
너의 눈동자에 머물던
그 밤을 기억해?

시간이
깊은 정 사이로
말없이 흐를 때

별빛에 실려
너의 꿈결을 돌다
살며시 안겨 보네.

바람도 없이
피는 꽃처럼
내 마음도 다시 피어.

사군곡(思君曲)
― 통곡

진실을 가린
방어기제조차 단단한 나는,

코르셋처럼 조인 마음 안고
무작정 걸었더니

사랑이
사라졌네.

「바람과 함께 사라지다」의
'스칼렛'처럼,

안개 속으로
사라진 그대 뒷모습 보며

비로소 가슴 치며
통곡하네.

아!
내 사랑아!!

사군곡(思君曲)
－그대와 나

하늘 위에
나그네 되어

산허리를 애끈히 감을 때
몽글몽글한 그리움이 피네.

그대와 나,

엉클엉클 하지 않고,
동글방글 잘 살았어.

때론, 따순 정 찾아
꽃비에 젖기도 했었지.

그대와 나,

숨결 비춰주며
다정하게 함께 살았네.

쉼 없이
사랑하며.

사군곡(思君曲)
-그대 위한 기도

황망히 떠나 버린
그대 그리워하며

울컥한 마음이
바람처럼 헤매니

흘러내리는 눈물에
하얗게 얼굴이 씻기네.

바람의 손길이
촉촉한 내 눈가를 어루만지니

뜨거운 눈물 자국이
사랑의 흔적임을 알았네.

이 시간 숨죽이고 있던
작은 위로들이 깨어나

기도하네.
그대를 향한 기도를.

시군곡(思君曲)

-맴돌았다

그대의
휑한 눈망울에
동그라미 그리며
나는 맴돌았다.

하룰랄라한
사랑이
닿을 듯해
다시 맴돌았다.

슬픔의 고요가
맑은 눈에 내려앉고,
청아한 산울림이
그 속에 퍼지면,

그대 손 잡고
아득한 심연 속으로
유유히 떠내려 가고파
또 맴돌았다.

사군곡(思君曲)

- 그 미소

비가 양푼으로 쏟아지는 날,
그대가 내게 보여준 그 미소.

무심히 흘러간 그 미소가
선명히 떠오르네.

하여
갈수록 못 견디게 그립네.

비가 양푼으로 쏟아지니
빗속에 섞여 온 그 미소가

기억 속에 각인되어
세찬 빗줄기 되어

내 심장을 쿵쿵 쾅쾅 두드리며
다시 그대를 부르고 있네.

사군곡(思君曲)
-아름다운 이별

우리의 이별은
아름다웠어.
가슴 미어지게

달빛 담은 눈물이
멍멍한 가슴 한편을
찬찬히 채우고

그대의
향기와 웃음이
내 안에 흘러들고

강가에 금빛 버들이
강 건너 불빛처럼
흔들릴 때,

이별조차도
우리의 사랑이 이루어낸
'아름다움'이었네.

사군곡(思君曲)
―이슬 같은 손길

어젯밤 이슬이
머물다 간 것 같아

그 순간 촉촉한 촉감이
내 피부에 닿았네.

어쩌면 당신의 손길이
이슬일지도.

이제는 사라져버린
당신의 온기.

지금도
내 순간순간

당신과 나의 옷자락에
소리 없이 쌓여 있는 삶이

기억보다는 추억이 더 많은
하루하루를 살아왔다고

고개를 끄덕이며
그렇게 당신을 사랑하고 싶네.

사군곡(思君曲)
- 그리운 전설

많은 우여곡절이
내 안에 쌓이고

이제는 나름의 평안과
화해를 이루니,

너무나 안쓰럽고
안타까운 마음이

쓸쓸함으로
다가온다.

살포시 서로
당기던 마음은

그리운 전설로
남아있겠지.

사군곡(思君曲)

—솔향 그리움

그리움은
느닷없이
솔 향기 휘날리며
지나가는 섬광 같은 것.

갑자기
가슴 한켠이
촛불처럼 타오르고
차갑던 공간이 따스해지네.

솔잎 사이로 퍼지는
그윽한 향기는 마치
그대, 머무르다 간 듯,
주위에서 맴돌고

그리움은
보이지 않아도
코끝에 닿는 설레이는 향기
가만히 흔들리는 내 안의 사무침.

아,

또
너를
느끼네.

사군곡(思君曲)

-간병일지

깡마른 몸에
흔들리는 눈동자 보며
밤낮없이 서 있었다.

보초 되어.

겹겹이 쌓아 두었던
철통같은 마음에서
어쩔 수 없이 새어 나오는

아쉬움. 그리움.

그렇게
하루가 또 가고
또 왔다.

손잡으면
가녀린 떨림만
느껴질 뿐

이름을 불러도

대답 대신
숨소리만 돌아왔다.

그 침묵 속에서
나는
서러움을 배웠다.

사군곡(思君曲)//한국어
-함박눈

그곳은 어떤가요?
얼마나 적막한가요?

부모님과 지인들
만나 반가운가요?

둘러보고, 또 둘러보다
어느 쪽 하늘이 그쪽일까?

비이잉 한 바퀴 돌아 보지만
그 하늘은 그 하늘일 뿐이네요.

펑펑 내리는 함박눈 맞으며
쓸쓸한 뒷모습 남겨 놓은 채

먼길 떠난 그대여,
그곳에도 함박눈이 내리나요?

사군곡(思君曲)
-보고픔

시도 때도 없이
눈 뜨면 사방을
둘러 보네.

보냈던 자리
누웠던 자리
앉아 있던 자리.

새 옷으로
갈아입히지 못한 채
손잡고 누워만 있었네.

아무 생각도 할 수 없었네.
억장만 무너졌네.

간 거야?
진짜 간 거야?

가지 마!
그냥 가지 마!

하염없이 흐르는
눈물이 말해주네.

보고픔 주렁주렁 달고
내 가슴 속에 그대 있다고.

사군곡(思君曲)
－후회

눈이 펑펑
내리는 날에는
당신이 너무 그리워.

"가서 쉬어, 평소대로 쉬어."

진득이 옆에 함께 있을 걸
후회되고 환장하겠어.

올올이 묻어 있는 후회가
처절하게 흐느끼네.

그림자마저 잃어버린
휑힌 그리움이

허공을 향해 보고 싶다
이리 외칠 줄이야.

사군곡(思君曲)
-허공의 메아리

눈을 감고
불러보지만,

돌아오는 건
허공의 메아리뿐

소리 내지 못한 말들이
내 안에서 울리곤 해

숨 쉬는 것도 버겁도록
남은 건 한숨뿐인 걸

사랑했었다는 말도
허공 중에 흩어지니

이 마음 다시 강물처럼
조용히 흘러가길 바랄 뿐.

발문

애틋한 '그리움의 집' 둘러보기
-김연숙 시인의 제4 시집을 읽고

[발문]

애틋한 '그리움의 집' 둘러보기

−김연숙 시인의 제4 시집을 읽고

이 시 환

봄에는

파란 하늘에 걸터앉은

나뭇가지가

외로움의 한 획을 긋는다.

봄에는

살랑살랑 흔드는

봄바람이

가슴을 설레게 한다.

봄에는

독립선언을 외치는

투사처럼

꽃분홍 립스틱을 꼭 바른다.

그래야 봄이

나를 용서한다.

그래야 봄이

나를 찾아온다.

-작품 「꽃분홍 립스틱」 전문

김연숙은 캐나다 토론토에 거주하며 조용조용히 시작(詩作) 활동해 온, 봄을 사랑하는 봄의 시인이다. 시인께서는 2025년 8월 현재 네 번째 개인 시집을 펴내고 있다.

나는 시인의 첫 시집부터 둘째, 셋째, 그리고 넷째 시집 원고 154편의 작품까지 모두 읽은 애독자 가운데 한 사람이다. 그런 인연으로 내게 지각된 내 느낌, 나의 생각 등을 일방적이지만 솔직하게 약술하고자 한다.

쉽고 편하게(?) 일기처럼 써 내려간 시인님의 작품들을 읽노라면 무언가 '애틋함'이 밀려온다. '애틋하다'라는 것은 '애가 타는 듯이 깊고 절실하다'라는 뜻이다. 여럿이 함께 있어도 홀로인 시인의 외로움이 그러하고, 아직 온전히 이루지 못한, 어쩌면 영원히 미완의 꿈으로 남아있을 시인의 그리움이 그러하며, 속삭이듯 하고 싶고 외치고 싶은 말은 많아도 그 대부분을 속으로 삭이며 침묵해야 하는 시인의 일상 속 화법(話法)이 또한 그러하다.

그렇다면, 시인의 그 '애틋함'은 어디서 오는 것일까? 그것은 '삶의 모서리(작품「독백」)'에서부터 시작한다. 작품들 속에서는 '아픔', '상처', '지난 세월', '침묵', '신난(辛難)', '고빗사위' 등의 시어(詩語)가 동원되어서 간접적으로 말해주지만 나는 '삶의 모서리'라는 시어가 그 애틋함의 출발지로서 가장 함축적이고 가장 상징적인 표현이라고 생각한다. 어쩌면, 시인은 일상 속에서 의견이 다르고, 대립하고, 언쟁하며, 더러 무시당하고 외면당하는 자기 삶의 간극(間隙)을 '삶의 모서리'에 걸리고 부딪쳐 찢기는 상처나 아픔이라는 말로써 다 숨겨 놓았는지도 모른다.

바로 그런 아픔이 있었기에 괴로움이 쌓이고, 쌓인 그 덩어리를 녹여내고자 본능적으로 사유하고 처신하되 속으로 삭이고, 침묵하며, 그 '모서리'를 깎아내려는 불면(不眠)의 나날을 보낼 수밖에 없었으리라. 한편, 그런 나날이 계속되는 과정에서 자신을 위로해 주고 격려해주는, 막연한 '그리움'이 싹트고, 그 그리움의 대상을 무작정 기다리며 흠모하는 '기다림의 나무'가 성장하는데 그의 많은 작품은 그 그리움과 기다림에서 나온 산물이라고 나는 판단한다. 여기에 포함되지 아니한 작품들은 대개, 그녀의 시작 연대기상으로 보아 후기(後期)의 것들로, 그러니까, 홀로 그리워하고 홀로 기다리는 자기 존재에 대한 자각(自覺)이자 성찰(省察)을 반영한 것들로 보면 틀리지 않는다.

　다시 그렇다면, 시인이 키워 온 그리움과 기다림의 나무는 무엇일까? 작품들에서 직접 노출하지는 않았으나 전체적으로 관류하는 내용을 전제하면 이렇게 말할 수 있을 것 같다. 시인이 믿어온 종교적 신(神)일 수도 있고, 자신을 이해해 주고 믿어주는, 먼저 돌아가신 남편이나 특정 친구일 수도 있으며, 그리고 과거 부모 형제가 살았던 고향의 아늑한 품에서 자라며 꾸밈없이 뛰놀았던 순수한 동심의 세계일 수도 있다.

　그래서 시인의 작품세계 속에는 언제나, 외롭고, 그립고, 기다려지는 존재가 모호하게 얼비치고 있으며, 시인의 감정·생각·의식 등이 투사(投射), 이입(移入)되는 주변의 사물과 자연 현상이 의인화(擬人化)되어 묘사된다. 이들은 다 시인 자기 자신을 드러내는 방편일 뿐이다. 그리고 잠들지 못한 채 깨어있을 수밖에 없는 자기 존재에 대해 깊이 성찰하고, 그 의미에 관해 끊임없이 사유한다. 물론, 그 끝은 자신의 내면에서 일렁이는 감정의 소용돌이나 파도, 바깥세상에서 불어닥치는 온갖 풍파 등을 두루 다 잠재우고서, 맑고 깨끗하게 정좌한, '잔잔한 호수(「아름다운 나이」)'가 되어 돌아옴이다.

 바로, 그 돌아오는 시점, 그 돌아온 지점에서부터 존재하는 모든 현상과 사물이 유리창에 성애처럼 '사르르' 녹아 없어지는 것임을 깨닫는다. 티격태격, 애지중지 한평생 같이 살아온 부군(父君)조차도 '사르르' 눈감고, '사르르' 곁을 떠났다. 그렇듯, 자신조차도 '사르르' 늙고 죽으며, 끝내는 대자연 속으로 스며들 것을 안다. 어쩌면, 제2막 인생이 새롭게 시작되는 시점인지도 모르겠다.

 '삶의 모서리'에서 언제나 함께했던 부군께서 돌연 지병으로 세상을 먼저 떠남은, 시인에게 엄청난 파고를 불러일으켰다. 이 시집의 제4부에 실리는 40편에 달하는 '사군곡(思君曲)' 연작시가 잘 말해준다. 미우나 고우나 평생을 함께해 온 부군을 먼저 보내는 아내로서 상실감은 실로 복잡하고 안타깝기 그지없었을 것이다. 함께 누렸던 애증(愛憎)·희비(喜悲)가 뒤섞여 떠올랐을 것이고, 떠난 자의 빈자리를 바라보며 그의 '그늘'과 '우산'이 유달리 컸음도 실감했으리라.

 더욱이 사십구재를 맞이하는 날까지 기도하듯 죽은 남편을 회억(回憶)·사모(思慕)하는 중 2월 겨울철임에도 불구하고 어디서 날아왔는지 알 수 없는 나비 한 마리가 방안을 날아다니는 것을 목격하고서 반사적으로 '환생(還生)'과 '윤회(輪 回)'를 떠올리는 신비한, 아니, 기이한 사실을 경험한다. 돌이켜 보면, 미움이 사랑이었고, 헤어짐이 다시 만날 기약임을 절실하게 느끼고, 감사와 함께 스스로 반성하는 순간순간을 맞이한다.

그러나 영원할 것 같은 사랑도 덧없고, '나'라는 존재도 덧없다는 사실 앞에서 더는 흔들리지 않으며, 자신을 에워싸고 있는 사물들이나 자연 현상에 거리를 두며 관조(觀照)한다. 모든 것들은 순간을 머물다 사라지는 대상이고, 현상이고, 관계임을 알기에 더없이 아름답게 느껴질 수밖에 없으리라. 심지어, 사람이 나이를 먹어 늙는 것도, 새로울 게 없는 봄가을이 돌아와도, 바람이 불어도, 눈비가 내려도 하나같이 아름답지 않은 게 없다. 바로 이 전환지점이 부군을 잃고 크게 깨달은 세계의 시작이 아닐까 싶다.

결과적으로, 세상을 한 바퀴 돌아와 원점에 선 시인은, 있는 그대로 사물과 자연 현상과 관계 등을 자기 자신과 동일시하여 받아들인다. 내가 곧 호수이고, 호수가 곧 나이며, 물결이 나이고 내가 곧 물결이 된다는 뜻이다. 그렇듯, 미움이 사랑이고 사랑이 미움이었으며, 내 안의 갈증도, 불길도 마지막 남은 단풍잎 하나와 다르지 않음을 이제 안다. 이쯤 되면, 말 그대로 물아일체(物我一體)가 되어 머물러 있는 것이다.

    깊은 밤,
    창밖을 보다 나도 모르게
    "괜찮아?" 하고 물었다.

    달이 아무 말 없이
    그윽히 바라보기만 해서
    더 슬펐는지도 모른다.

    말이 없는 존재들이
    더 많은 걸 알고 있는 듯해서
    나는 잠들기 어려웠다.

    그밤,
    쓸쓸한 달빛만이
    내 곁에 누워 있었다.

    -작품 「달에게 말을 걸었다」 전문

시인은 눈에 들어오는 대상이나 자연 현상 하나하나에

자신의 감정과 사유를 투사(投射)시키면서 '자기화(自己化)' 또는 '자기 드러내기'를 한다. 물론, 이 과정에서 동병상련(同病相憐)하듯 교감(交感)이 이루어지고, 대상과 하나 되면서 시인은 시(詩)의 집을 짓는다.

그래서일까? 시인의 시는 직설적인 듯하면서 보일 듯 말 듯 희미하게 얼비친다. 지난 세월의 아픔도, 그가 꿈꾸는 그리움의 세계조차도 안개에 가려진 희미한 나무처럼 보인다. 이것이 김연숙 시인 작품만의 매력이라면 매력일 것이다.

아무튼, 방대한 시편을 한데 모아 부군의 생일에 맞추어 제4 시집을 펴내는 김연숙 시인의 앞날에 문운이 있기를 빌어 마지않는다.

-2025. 08. 10.
2025년 삼복더위 가운데에서

이시환

시인 겸 문학평론가로서 활동. 현재 시집, 문학 평론집, 종교탐구서, 주역(周易), 여행기, 명상법 등 35종의 개인 저서를 펴낸 작가임.

사르르 사르르

김연숙 시인의 네 번째 시집

초판인쇄 2025년 09월 06일 **초판발행** 2025년 09월 12일

지은이 **김연숙**
펴낸이 **이혜숙** 펴낸곳 **신세림출판사**
등록일 **1991년 12월 24일 제2-1298호**

04559 서울특별시 중구 퇴계로49길 14,
　　　충무로엘크루메트로시티2차 1동 720호
전화 **02-2264-1972** 팩스 **02-2264-1973**
E-mail : shinselim72@hanmail.net

정가 **20,000원**

ISBN **978-89-5800-287-1, 03810**